El PERDÓN

Cómo liberarse de la amargura y el dolor

NANCY LEIGH DEMOSS

PORTAVOZ

La misión de *Editorial Portavoz* consiste en proporcionar productos de calidad —con integridad y excelencia—, desde una perspectiva bíblica y confiable, que animen a las personas a conocer y servir a Jesucristo.

El Perdón
Nancy Leigh DeMoss

© 2006 por Nancy Leigh DeMoss

Todas las citas bíblicas, a menos que se indique lo contrario, fueron tomadas de la Biblia Nueva Versión Internacional®. Copyright © 1999 by The International Bible Society.

Revive Our Hearts, Post Office Box 2000, Niles, Michigan 49120.

reviveourhearts.com.
info@reviveourhearts.com

Traducción: Carmen Luz Ochoa
Revisión: Corina Dhios

EDITORIAL PORTAVOZ
P.O. Box 2607
Grand Rapids, Michigan 49501 USA

Visítenos en: www.portavoz.com

ISBN 978-0-8254-1190-8

1 2 3 4 5 edición / año 11 10 09 08 07

Impreso en los Estados Unidos de América
Printed in the United States of America

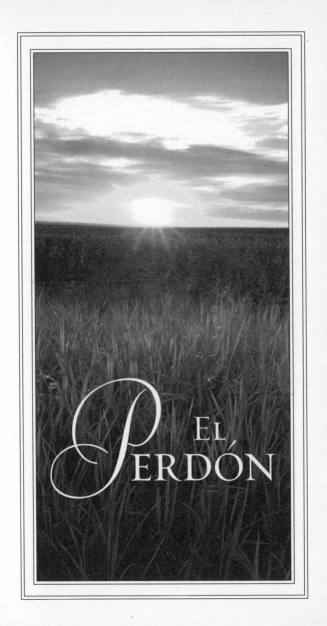

El Perdón

Heridas y cicatrices

Todo el mundo tiene una historia que contar y todo el mundo tiene cicatrices. La semana pasada una mujer me hizo partícipe de la conmoción que había sufrido recientemente cuando su marido le dijo que sostenía una relación amorosa. En una conferencia, una señora de edad se puso de pie y le contó a la audiencia que su hija había sido perseguida y luego asesinada catorce años atrás. Luego, dirigiéndose a mi, me dijo: «Durante catorce años he odiado a ese hombre. ¿Cómo lo perdono? ¿Cómo puedo perdonarlo?».

Tal vez usted haya atravesado por una experiencia igualmente traumática, o probablemente haya sufrido una serie de penas menores. ¿Cómo podemos manejar las heridas y las ofensas? En primer lugar, es importante entender que sufriremos heridas. En un mundo postrado y en pecado, el dolor es inevitable. Todos hemos sido y seremos ofendidos, heridos y tratados injustamente.

Quizás un amigo cercano le ha mentido o le ha mentido a otros sobre usted. Posiblemente cuando niño o adolescente, usted sufrió la burla o el rechazo de un padre, o algún adulto en quien confiaba lo perturbó o abusó de usted. Tal vez alguien le haya hecho trampa o le haya robado, o puede ser que alguien haya abusado sexualmente de un hijo suyo, y como madre preferiría sufrir el daño usted misma antes de ver a su hijo herido o maltratado. Probablemente usted haya sido herida por un patrón o incluso por un líder espiritual quien resultó no ser auténtico.

Es posible que haya iniciado una relación amorosa llena de ilusiones y sueños con un hombre que le prometió serle fiel hasta la muerte. Este sueño se ha convertido en una pesadilla de desengaño, infidelidad y rechazo. Cuando menciono dolor, vienen a nuestra mente nombres, caras y eventos. Somos una generación de gente herida. Llevamos heridas y cicatrices profundas que tal vez nadie ve. Muchas mujeres me dicen: «Estoy furiosa. Estoy furiosa con mi esposo, con mis padres, con mis hijos, con mi pastor o con mi patrón». Además, cada vez con mayor frecuencia escucho la queja: «Estoy furiosa con Dios». En definitiva, todo se resume en este sentimiento. ¿Si Dios es tan poderoso, tan bueno y misericordioso por qué permitió que esto sucediera?

Somos una generación de gente herida e incapacitada, y nuestra amargura latente se convierte en ira, odio y finalmente en venganza y violencia. ¿Se ha preguntado alguna vez de dónde viene esta violencia sin sentido? ¿Por qué un «chico bueno» abandona sus estudios, se une a una pandilla y comienza a cargar un arma? ¿Por qué aquel chico callado que no llamaba la atención de nadie llega un día al colegio y vuela las cabezas de otros estudiantes y de sus profesores? ¿Ha oído alguna vez que el animal más peligroso del bosque es el que está herido? Hay una enorme cantidad de personas maltratadas que nunca aprendieron a manejar sus heridas y ahora hieren a otros.

Nuestra respuesta: Dos caminos divergentes

El producto de nuestra vida, quiénes somos y en qué nos convertimos, no está determinado por las cosas que nos pasan. Claro está que nuestro pasado nos afecta, pero éste no determina nuestro futuro. La forma en que respondemos a lo que nos pasa es lo que realmente determina lo que será nuestra vida.

Mientras creamos que nuestra vida está determinada por las cosas que nos pasan, siempre seremos víctimas. Si creemos que somos prisioneros de nuestro pasado, nos convertiremos en unos inválidos emocional y espiritualmente, sin esperanza ni futuro. Esa creencia es una mentira peligrosa. Sin embargo, cuando nos damos cuenta de que somos hijos de Dios, mediante su gracia, tenemos el poder de escoger cómo responder a lo que nos ha pasado. Esto es liberador puesto que significa que ya no somos víctimas. Tenemos una oportunidad y podemos decidirnos a ser libres.

Cada vez que nos hieren tenemos la oportunidad de escoger cómo responder a nuestro ofensor. Esencialmente hay dos maneras de hacerlo. Podemos convertirnos en «cobradores de deudas»: «¡Usted me hizo daño y por lo tanto me las debe! ¡Voy a vengarme!». Tomamos como rehenes a las personas y las ponemos en una prisión para deudores. Nos llenamos de resentimiento y de amargura. Este es el peligroso camino del desquite. «Te haré pagar». Podemos hacerlo sutilmente o abiertamente, pero el resultado es el mismo.

Existe otra manera de responder. Es el camino de Dios. Es el camino del perdón, mediante el cual decidimos liberar a nuestros ofensores de la prisión, ya sea que se lo merezcan o no. Quiero hacer énfasis en el hecho de que perdonamos, no porque nuestros ofensores merezcan ser perdonados sino porque Dios nos ha perdonado a nosotros. Tan solo la gracia de Dios, su regalo de misericordia

inmerecida basada por completo en
el mérito del sufrimiento y muerte de
Jesucristo por nosotros, nos libera del
pecado, la culpa y la muerte. Esta es la
misma gracia que podemos ofrecer a
aquellos que nos han ofendido. Este no
es el camino de la revancha sino de la
restauración y de la reconciliación.

Antes de la reconciliación, debe existir
el perdón. ¿Qué es el perdón? El perdón
no es una emoción sino una oportunidad.
Perdonamos no por sentimiento sino
mediante un acto de voluntad. Es
importante que entendamos y nos
acordemos que Dios, quien nos perdonó,
nos ordena que perdonemos a otros. El
perdón no es una opción para el hijo de
Dios. Se nos ordena perdonar a pesar de lo
que sintamos y de la ofensa que hayamos
recibido.

Tal vez las palabras de Jesús en Marcos
11:25 le sean familiares. «Y cuando estén
orando», (ya sea en la iglesia o solos) «si
tienen algo contra alguien, perdónenlo».
¿Existe algún padre, hermano, compañero
anterior, hijo, pariente político, patrón,

amigo, vecino o pastor por quien usted
sienta algún resentimiento? Jesús dijo
que si usted guarda algún resentimiento
en contra de alguien, debe perdonarlo.
Perdónelo para que sus pecados sean
también perdonados por su Padre en el
cielo.

En Efesios 4:31 Pablo dijo: «Abandonen
toda amargura, ira y enojo, gritos y
calumnias, y toda forma de malicia». La
palabra «toda» es muy importante, pues
la mayoría de nosotros hemos dejado
a un lado la mayor parte de nuestra
amargura pero reservamos un poquito en
nuestros corazones. La pequeña semilla de
amargura que usted deja sembrada en su
corazón crece y se fortalece convirtiéndose
en su perdición. Jesús nos dice a través
del Apóstol Pablo: «Pónganla a un lado.
Deshágan se de esta. Córtenla de raíz».
¿Sabe que puede vivir sin amargura en el
corazón? «Más bien, sean bondadosos y
compasivos unos con otros, y perdónense
mutuamente, así como Dios los perdonó a
ustedes en Cristo» (Ef. 4:32).

UN TRAJE DE LUJO

En un pasaje similar, Colosenses 3:12,
Pablo dice «...como escogidos de Dios,
santos y amados...». Este es un punto
crucial, usted no puede verdaderamente
perdonar si no es hijo de Dios. El perdón
es imposible si sus pecados no han sido
perdonados por Dios a través del sacrificio
de Jesucristo por usted en la cruz. Pablo
dice que: «Por lo tanto, como escogidos
de Dios, pertenecientes a Dios, santos y
amados, revístanse de afecto entrañable
y de bondad, humildad y paciencia» (vea
el versículo 13 también). Es una lista
considerable. ¿No es así?

Preguntémonos si estas palabras nos
describen, como esposos y padres, en
nuestro sitio de trabajo, como empleados o
como patrones. ¿Al vestirse por la mañana,
piensa en ponerse los vestidos del afecto,
la bondad, la humildad, la amabilidad
y la paciencia? ¿Se puede imaginar lo
diferentes que serían nuestros hogares,
nuestras iglesias y nuestras comunidades
si usáramos esas cinco prendas? Apóyense

unos a otros. Perdónense si alguno tiene
una queja contra el otro. Así como el
Señor los perdonó, perdonen también
ustedes.

El modelo perfecto: La gracia que cubre todos los pecados

Esto nos hace preguntar: ¿Cómo nos
perdona Dios por haber asesinado a su
único Hijo? El Salmo 103:10-12 dice: «No
nos trata conforme a nuestros pecados
ni nos paga según nuestras maldades.
Tan grande es su amor por los que le
temen como alto es el cielo sobre la tierra.
Tan lejos de nosotros echó nuestras
transgresiones como lejos del oriente está
el occidente». Su perdón es completo,
permanente, incondicional e inmerecido.

Es maravilloso que usted y yo podamos
perdonar a otros con la misma gracia
con la cual Dios nos ha perdonado.
Todos hemos pecado en contra de Él. Sin
embargo, cuando nos volvemos a Él con
arrepentimiento y fe, Él vierte su perdón
incondicional y su gracia, y esa misma

gracia puede entonces fluir a través de nosotros con el fin de perdonar a aquellos que nos han hecho mal.

En los textos originales escritos en hebreo y griego las palabras que se traducen como «perdonar» tienen significados diferentes pero relacionados. Quieren decir «llevarse lejos», «enterrar», «cubrir», «perdonar», «reconciliar», «pasar por alto», «enviar lejos», y «restaurar con la gracia». Pablo dice que las transgresiones de aquellos que siguen a Jesús, han sido perdonadas, habiéndoseles borrado el registro de deudas que tenían con Él. Él ha anulado todos nuestros crímenes; los clavó en la cruz (Col. 2:14). Nuestro pecado fue pagado cuando Jesús fue al Calvario y murió en lugar nuestro.

El perdón es realmente una promesa. Es la promesa de no volver a sacar a colación aquellos pecados que han sido cometidos en contra nuestra: ni ante Dios, ni ante la persona culpable ni ante nadie. A veces algunas señoras me dicen: «He perdonado a mis padres, pero...» y proceden a hacer una lista de todas las cosas hirientes y horribles que sus padres (o pareja, o anterior pareja, o hijo) les han hecho. Es obvio que no han perdonado. El perdón es la promesa de no guardar rencor contra aquella persona que nos ha herido.

LO QUE UNA COMPUTADORA NOS PUEDE ENSEÑAR

Sé lo suficiente de computadoras como para entender que son peligrosas, y hay una cosa que especialmente he aprendido a las malas. ¡Cuando se oprime la tecla de borrar su trabajo se pierde! La memoria se borra. Esta es la imagen de lo que pasa cuando perdonamos. El perdón se otorga no porque la otra persona se lo merezca, ni siquiera porque se lo pida, sino porque Dios nos ha perdonado convirtiéndonos entonces en canales de ese perdón y de esa gracia. Así que oprimimos la tecla y borramos el registro de sus faltas, como si jamás hubiesen pecado en contra nuestra. Es así como Dios nos ha perdonado y es así como Él nos pide que perdonemos a otros.

Después de leer la definición del
perdón, piense si hay una o más personas
que lo hayan herido o le hayan hecho mal
a lo largo de su vida y a quienes usted
jamás ha perdonado. ¿Existe alguna
raíz de resentimiento o amargura en su
corazón? Cuando hago esta pregunta en
conferencias, el noventa por ciento de la
audiencia me responde positivamente.

Siento un peso en el corazón pues veo
que pretendemos ser pecadores perdonados
que han recibido la gracia de Dios. Les
decimos a los demás que necesitan lo que
nosotros tenemos. «Necesitan el evangelio
y la gracia de Dios. Él puede perdonarlos,
limpiarlos, borrar sus pecados y liberarlos
de sus culpas». Pero aquellos a quienes
hablamos nos conocen. Son nuestros
parientes, nuestros vecinos, y escuchan
la manera en que hablamos de nuestra
antigua pareja o de nuestros parientes
políticos. Son nuestros compañeros de
trabajo y ven cómo tratamos a los demás.
Por lo tanto nuestro mensaje del evangelio
de Jesucristo no es creíble porque nosotros,
quienes decimos haber sido perdonados y

quienes tenemos este evangelio del perdón, no perdonamos.

¿PRISIÓN O PERDÓN?

Cuando rehusamos perdonar no nos diferenciamos en nada del mundo que nos rodea. Creo que el mundo se apresurará a abrir un sendero hacia Jesús cuando nosotros, los que hemos sido perdonados, nos decidamos a convertirnos en personas clementes y perdonadoras. La culpa es una carga pesada y el mundo quiere verse libre de ella. Muchos de nosotros soportamos cargas muy pesadas que son fruto del resentimiento y la amargura. Dios quiere librarnos de ese resentimiento y de esa amargura y al hacerlo, creo que nuestro mensaje será más creíble al mundo.

¿Qué pasa cuando rehusamos perdonar? Quiero que entiendan esto, porque si lo hacen estarán más dispuestos a tomar esta difícil decisión. En primer lugar, cuando rehusamos perdonar nos convertimos en prisioneros de aquellos que nos han tratado mal. Creemos que los estamos poniendo en una prisión pero realmente somos nosotros los que nos convertimos en prisioneros.

Un vívido ejemplo de lo anterior se me presentó al oír el testimonio de una mujer que asistía a una de nuestras conferencias. Ella se puso de pie y dio su testimonio sobre la manera en que Dios había estado trabajando en su corazón con respecto al tema del perdón. Siendo niña, ella y una amiga fueron a visitar al alguacil de policía del pueblo quien, según ellas creían, era su amigo. Su oficina quedaba en el edificio de la cárcel del pueblo y cuando llegaron al lugar, su amiga salió a jugar. En ese momento este hombre, en quien ella confiaba, le dijo: «Si alguna vez le dices a alguien lo que estoy a punto de hacerte, te encierro en una de esas celdas. Si le llegas a decir a tus padres, también los encerraré a ellos». Luego comenzó a abusar sexualmente de esa pequeña niña.

Esta mujer dijo: «Cuando esto sucedió, encerré a ese hombre en una prisión dentro de mi corazón, y boté la llave. Todos estos años lo he tenido encerrado ahí». Este hombre ya está muerto, pero, continuó ella: «Aún se encuentra en esa prisión. Lo que hasta ahora me doy cuenta es que todos estos años, era yo la que estaba encarcelada ya que rehusaba perdonarlo».

Esto ha afectado su matrimonio de muchas formas; en muchas áreas no se sentía realmente libre en la relación con su marido. Dios le mostró la misma llave de la cual hablamos, y cuando ella tomó esa llave y liberó de la prisión a ese hombre, Dios tomó una llave aun más grande, la llave de la gracia, y la liberó. Cuando rehusamos perdonar, nos convertimos en prisioneros de aquellos que nos han hecho daño.

¿CUÁNTAS VECES DEBO PERDONAR?

En Mateo 18:21-22: «Pedro se acercó a Jesús y le preguntó: "Señor, ¿cuántas veces tengo que perdonar a mi hermano que peca contra mí? ¿Hasta siete veces?"». Creo que Pedro pensaba que estaba siendo generoso ya que la ley de los fariseos

solo requería que la gente perdonara
tres veces. Jesús respondió: «No te digo
que hasta siete, sino hasta setenta veces
siete» (RVR-60). ¿Está Jesús diciéndonos
que cuando usted haya perdonado
cuatrocientas noventa veces puede dejar
de perdonar? No, todo lo contrario. Jesús
está diciendo: «Pedro no lleves la cuenta.
Sigue perdonando». De hecho, yo creo
que está diciendo: «Pedro, puedes parar de
perdonar cuando yo pare de perdonarte a
ti, y eso jamás sucederá». ¡Perdone hasta
que pierda la cuenta!

Jesús, como era su costumbre, empezó a
contar una historia para ilustrar su punto.
En los versículos 23-24, Él dice: «Por eso
el reino de los cielos se parece a un rey que
quiso ajustar cuentas con sus siervos. Al
comenzar a hacerlo, se le presentó uno que
le debía miles y miles de monedas de oro».
Esta era una deuda que él jamás podría
pagar. En nuestros días esta deuda sería
equivalente a millones de dólares.

Luego en los versículos 25-26, Jesús
continua: «Como él no tenía con qué
pagar, el señor mandó que lo vendieran a

él, a su esposa y a sus hijos, y todo lo que
tenía, para así saldar la deuda. El siervo
se postró delante de él. "Tenga paciencia
conmigo —le rogó—, y se lo pagaré
todo"». Claro está que esto era ridículo, ya
que bajo ninguna circunstancia el siervo
podría pagar la deuda. (Se pregunta uno
como haría para adquirir una deuda de
ese monto. ¿Habría estado engañando
a su señor?) Sin embargo, su señor tuvo
misericordia de él, le canceló la deuda y le
permitió irse. Oprimió la tecla de borrar.

«Al salir, aquel siervo se encontró con
uno de sus compañeros que le debía cien
monedas de plata». Cien monedas de plata
eran equivalentes a ocho o nueve meses
de salario. Esta era una gran cantidad de
dinero, pero nada en comparación con lo
que le había sido perdonado recientemente.
«Lo agarró por el cuello y comenzó a
estrangularlo. "¡Págame lo que me debes!",
le exigió. Su compañero se postró delante
de él. "Ten paciencia conmigo —le rogó—
y te pagaré". Pero él se negó. Más bien
fue y lo hizo meter en la cárcel hasta que
pagara la deuda» (Mt. 18:28-30).

Cuando leo la historia de este hombre, se me sube la presión sanguínea hasta que el Espíritu Santo me señala con su dedo y me dice: «¿No es eso lo que haces cuando rehúsas perdonar? ¿Cuando guardas rencor? ¿Cuando rehúsas oprimir la tecla de borrar?». Yo no diría que soy una persona amargada; a ninguno de nosotros nos gusta considerarnos amargados. Sin embargo, cuando pensamos desde la perspectiva de Dios debemos reconocer que hay renuencia en nuestros corazones a perdonar, lo cual inevitablemente nos conduce a la amargura.

«Cuando los demás siervos vieron lo ocurrido, se entristecieron mucho y fueron a contarle a su señor todo lo que había sucedido. Entonces el señor mandó llamar al siervo». «¡Siervo malvado! —le increpó—. Te perdoné toda aquella deuda porque me lo suplicaste. ¿No debías tú también haberte compadecido de tu compañero, así como yo me compadecí de ti?» (Mt. 18:31-33). ¡Este es un lenguaje bastante fuerte! Él dijo: «¡Malvado!».
«Y enojado, su señor lo entregó a sus

carceleros para que lo torturaran hasta que
pagara todo lo que debía» (Mt. 18:34).
Cuando rehusamos perdonar, Dios nos
entrega a nuestros atormentadores.

EL ALTO COSTO DE LA AMARGURA

¿Qué son esos atormentadores?
Pueden ser varias cosas. Creo que
muchos desórdenes crónicos emocionales,
gastrointestinales, cardíacos y musculares
así como la depresión tienen su raíz
en el resentimiento y en la renuencia a
perdonar. Esto no significa que dichos
desórdenes estén solamente en nuestra
mente, o que sean psicosomáticos, pero
Dios nunca diseñó nuestros cuerpos para
que soportaran el peso de conflictos no
resueltos o de la amargura. De hecho, los
conflictos se translucen en nuestro rostro.
Al mirar a las mujeres hoy en día, vemos
las líneas de la amargura dibujadas en
su cara. No hay nada malo en aparentar
ochenta años si se tienen ochenta años.
Sin embargo, algo anda mal si tenemos
cincuenta años y nos vemos de ochenta.

Jesús dijo que si rehusábamos
perdonar Dios nos entregaría a nuestros
atormentadores. Tal vez se pregunte si
los padecimientos y los dolores que sufre
son el signo de que usted es una persona
amargada. Esto no necesariamente es así.
Sin embargo, debe preguntarle al Señor
si hay algo que Él esté tratando de decirle
con respecto a la forma en que su cuerpo
está reaccionando a cualquier amargura o
mala voluntad.

Otra consecuencia de rehusar perdonar
es la de no poder sentir el amor y el
perdón de Dios. Al final de esta historia,
Jesús dijo: «Así también mi Padre celestial
los tratará a ustedes, a menos que cada
uno perdone de corazón a su hermano»
(Mt. 18:35). Nos dijo que perdonásemos
y nos enseñó a orar de la siguiente
manera: «Perdona nuestras ofensas así
como nosotros perdonamos a los que nos
ofenden». ¿Cuál sería el resultado si Dios
solo nos perdonara hasta el punto en el
cual nosotros perdonamos a los que nos
ofenden? ¿Qué pasaría si Él guardara los
mismos resentimientos que guardamos

en contra de otros? ¿Podríamos rendirle
cuentas a Él? Jesús dijo: «Dichosos los
compasivos, porque serán tratados con
compasión» (Mt. 5:7).

Alguien dijo que la amargura era
como un ácido; destruye el contenedor
que la guarda. La amargura es como un
gas nocivo que contamina la atmósfera y
afecta a todo aquel que entra en contacto
con ella. Cosechamos consecuencias
en nuestra vida, algunas físicas y otras
emocionales, y tal vez, más adelante,
es posible que nuestros hijos y nietos
sufran las consecuencias de nuestra falta
de perdón. Hemos visto en la palabra
del Señor que Él considera el perdón
como algo muy serio. Ha dicho que si no
perdonamos a otros no experimentaremos
su amor y su perdón en nuestra vida.

LO OCULTO Y LA REBELIÓN

De hecho el Apóstol Pablo nos dice
en su Segunda Epístola a los Corintios,
versículo 2, que cuando rehusamos
perdonar, realmente le estamos dando

a Satanás un espacio en nuestra
vida abriéndola así para que pueda
influenciarnos y atacarnos aun más.
Existen varias cosas que le abren la
puerta a Satanás para que penetre en
nuestra vida y una de ellas es el vínculo
con las cosas relacionadas con lo oculto.
Por esto me refiero a cualquier libro y
curso de la Nueva Era, a las sesiones
espiritistas, a los horóscopos, a las tablas
Ouija, a los médiums, a los cristales,
a las cartas del tarot y a la meditación
trascendental.

En el término de seis meses dos mujeres
que se hacían llamar cristianas instaron
en dos ocasiones diferentes a una de
mis amigas, quien recientemente había
perdido a su madre, a que se comunicara
con la muerta. Esto ocurrió durante una
conferencia en una iglesia conservadora
dedicada a enseñar la Biblia. Es tan fácil
ser engañados hoy en día.

Si usted ha estado involucrado con
algo relacionado con lo oculto o con la
astrología, le ha abierto una puerta a
Satanás para que ejerza una influencia

sobre usted. Esto pudo haber ocurrido
hace años cuando era todavía una niña y
todo el mundo jugaba con la tabla Ouija
cuando se reunían a dormir en casa de
alguna amiga. Deuteronomio 18:10-14
nos dice que no debemos tener ningún
contacto con lo oculto. Tal vez le cause
risa, pero usted no debería ni siquiera leer
los horóscopos. Yo no lo hago porque no
quiero entrar en el territorio del diablo
y abrirle una puerta para que tenga
influencia sobre mi vida.

Si usted ha estado involucrado en
algunos de los juegos y herramientas de
Satanás a través del ocultismo necesita
renunciar a este vínculo. Invoque la sangre
de Cristo para que limpie su corazón, su
mente y su espíritu de manera que Satanás
no tenga influencia sobre usted, sobre sus
hijos o sobre sus nietos.

Hay una segunda cosa que le permite
a Satanás ejercer influencia en nuestra
vida; la rebelión y el rechazo a someterse
a la autoridad. En I Samuel 15:23,
Samuel le dice a Saúl: «La rebeldía es tan
grave como la adivinación,...». Algunos

de ustedes, a quienes ni siquiera se les
ocurre pensar en involucrarse con asuntos
de hechicería, no toman con la misma
seriedad el rechazo a la autoridad, ya sea
en el hogar, en el trabajo o en la iglesia.
Cuando nos salimos de la cobertura de las
autoridades que Dios ha establecido para
nuestra vida, nos convertimos en blanco
para el Enemigo.

La tercera cosa que permite que el
Enemigo penetre en nuestra vida es el
rehusar perdonar. Pablo dice que cuando
rehusamos perdonar le damos ventaja a
Satanás (2 Co. 2:10-11). Usted puede estar
sufriendo las consecuencias de la rebelión
contra las autoridades o de la amargura,
aunque tal vez no reconozca que este tipo
de actitudes son la raíz de sus problemas.
Satanás puede estar causando estragos
en su vida porque usted le ha dado la
oportunidad. En Hebreos 12 leemos que
cuando rehusamos perdonar, una raíz de
amargura crece en nuestra vida que nos
crea problemas y por último corrompe a
muchos.

El primer paso hacia el perdón

¿Cómo debemos entonces responder
a quienes han pecado en contra nuestra?
Primero, aunque en las Escrituras no lo
dice específicamente, creo que un punto
de partida acertado es el identificar a
aquellos que nos han ofendido. Le animo
a que tome una hoja en blanco y dibuje
dos líneas verticales de manera que
queden tres columnas: derecha, centro e
izquierda. En la columna de la izquierda,
escriba los nombres de las personas que
han pecado en contra suya y cuyas ofensas
usted aún guarda en su corazón. Luego,
en la columna del centro escriba cómo lo
ofendió esa persona. ¿Cuál fue esa ofensa?

Usted puede estar pensando así: «Creí
que debía enterrar lo sucedido». El perdón
no significa tratar de enterrar el dolor o
pretender que jamás hubo algo mal hecho.
Dios quiere encontrarse con usted justo en
medio de su dolor. Quiere que lo enfrente
cara a cara y que a través de la esclavitud
de esas ofensas encuentre paz y libertad.

No estoy sugiriendo que saque a relucir

cosas de las cuales ya ni se acuerda. Creo
que esa es una tontería de la psicoterapia
moderna. Dios es capaz, a través de su
poder divino, de eliminar de su memoria
cosas que Él no quiere que usted se
acuerde, así que sea agradecido y no luche
contra Dios si hay cosas que Él ya retiró de
su memoria. Me refiero a heridas y dolores
de su pasado o su presente que usted ya
olvidó.

Una conciencia tranquila

Después de haber identificado a
aquellos que lo han ofendido, asegúrese de
que su conciencia esté limpia con respecto
a dichos individuos. Cuando piense en
cada uno de ellos pregúntese a sí mismo:
«¿Cómo les he respondido?». Escriba su
respuesta en la tercera columna. ¿Los ha
bendecido, amado, perdonado y orado
por ellos? O por el contrario, ¿los ha
despreciado y sentido resentimiento hacia
ellos? ¿Ha calumniado a su antigua pareja
ante sus hijos, se ha vengado de ella o ha
sentido odio y rabia en su contra? Usted

no puede avanzar en el proceso del perdón hasta que su conciencia no esté limpia con respecto a aquellas personas que lo han ofendido.

Dios le pide que tome responsabilidad no por las ofensas de ellos sino por las suyas. Si sus respuestas no han sido malas entonces no se invente algo de lo cual deba pedir perdón. Usted no es responsable de lo que le han hecho (columna del medio), sino de su respuesta a aquellos que lo han ofendido (columna de la derecha). Puede que piense lo siguiente: «¡Me equivoqué tan solo en un cinco por ciento, él tuvo la culpa en un noventa y cinco por ciento!». Me pregunto si la otra persona contestaría de la misma manera si le pidiéramos que dijese lo mismo. Dios le pide que se haga cien por cien responsable de su cinco, diez o cincuenta por ciento. Las Escrituras dicen que cada hombre es bueno según su propio criterio pero el Señor juzga y valora el espíritu.

Nuestro orgullo nos hace pensar inmediatamente que nosotros somos los ofendidos, que somos las víctimas, y en muchos casos es cierto. Sin embargo, es tan difícil ser humildes y reconocer que hemos hecho mal a otros o que hemos contribuido a aumentar la contienda en una relación. Dios nos pide que asumamos la responsabilidad que nos corresponde y que busquemos el perdón de los pecados que hemos cometido en contra de esos individuos. Pero, cuando busque ser perdonado no se dirija a su antigua pareja diciéndole: «¡Siento mucho no haber sido la esposa que he debido ser, pero creo que hubiera sido una mejor esposa si tu no hubieras sido tan mal marido!». Necesitamos asumir la responsabilidad por las ofensas que hemos cometido en contra de otros y buscar su perdón.

El perdón es sobrenatural

Por último, busque perdonar por completo a cada persona que haya pecado en contra suya. Escucho a muchas mujeres decir: «Soy consciente de que necesito perdonar a mi madre o a mi suegra, a mi hijo o a mi hija, a mi pareja o a mi amiga».

Esto no es suficiente. El Enemigo lo
único que desea es que usted jamás llegue
verdaderamente a perdonar. He oído a
personas orar «Señor por favor ayúdame
a perdonar a tal persona». Eso está bien,
pero no es suficiente. Debe llegar al punto
en el cual diga: «Decido perdonar a esta
persona por lo que me ha hecho. Limpio
todas sus ofensas y oprimo la tecla de
borrar». Podemos dar el perdón. No es
natural, es sobrenatural. Solo por la gracia
de Dios y por el poder de su Espíritu
podemos verdaderamente perdonar.
Perdonamos mediante la fe, como un acto
de voluntad y de obediencia a Dios.

A continuación les narro algunos
testimonios que me enviaron unas mujeres
que tomaron la decisión de perdonar.
Una de ellas dijo: «Decidí perdonar a mi
marido por la relación sexual que tuvo
con su novia anterior antes de que nos
conociéramos. He guardado este dolor
en mi corazón durante cuatro años. Me
ilusiona abrazarlo y decirle que lo he
liberado».

Otra mujer dijo: «Dios me ha hecho

caer en cuenta de la semilla de amargura
que tenía en mi corazón hacia mi marido
porque no cumplía con mis expectativas.
¡Finalmente he podido liberarlo de esa
prisión!».

Otra me escribió: «En mis peticiones de
oración había pedido que oraran por mi
problema de espalda. Después de haber
tomado la decisión de perdonar a mi
madre y a mi hermana, noté que el dolor
de espalda desaparecía. Había padecido
este dolor durante varios meses. Creo que
mi corazón así como mi cuerpo sanaron
después de haberme decidido a dar el paso
hacia el perdón».

No le prometo que sus dolores
desaparezcan cuando usted tome la
decisión de perdonar. Sin embargo, creo
que nos ahorraríamos mucho dinero en
médicos, consejeros, terapeutas y libros de
autoayuda si nos decidiéramos a perdonar.

La historia de Kathy

A continuación mi amiga Kathy nos
relata su camino hacia el perdón:

«Cuando tenía dieciséis años fui asaltada sexualmente por tres jóvenes a quienes yo consideraba mis amigos. En ese momento comprendí el significado del odio. Era tal el deseo de venganza que honestamente pienso que los hubiera podido matar si hubiese sido posible salir indemne. Nunca se lo dije a nadie, ni a mi madre, ni a mi padre, a nadie. Pero en el fondo de mi corazón creía que aquellos jóvenes probablemente se lo habían dicho a todo el mundo... Mi último año de secundaria fue horroroso.

Tan pronto como salí del colegio, me fui de ese pueblo. Nunca regresé a visitar a nadie, excepto a mis padres. Con el transcurso de los años pienso que he perdonado, pero no sé si verdaderamente lo he hecho puesto que pienso mucho en eso. Ninguna de sus vidas han tenido valor alguno... Es algo que he llevado en mi corazón por tantos años... Finalmente, hace tres años, tuve el coraje de confesárselo a mi esposo. Él lo sabía todo el tiempo pues yo no podía ver en televisión ningún programa relacionado

con violaciones. Pero bendito sea y gracias
a Dios... nunca me presionó.

Tengo tanto de que estar agradecida
puesto que han habido tantas cosas
difíciles en mi vida... pero Dios se ha
compadecido de mí. Siento como si Él
tuviera reservado para mí un trabajo
mayor. Realmente he luchado por ser fiel
a Dios y por hacer su trabajo. Pero sé que
hasta que no libere todas esas cosas... no
dejaré de tener miedo.

Perdono a esos jóvenes... los perdono y
oro por ellos para que puedan obtener el
perdón que yo he obtenido en mi vida».

Dios le ha mostrado a Kathy algo que
la mayoría de creyentes que han sufrido
experiencias similares no han tenido en
cuenta nunca. No se trata solamente de
Kathy, sino de los medios de Dios y de su
glorificación en nuestra vida. Lo que le
pasó a Kathy cuando tenía dieciséis años
de edad es una atrocidad abominable.
Es malvado, es infame y esos hombres
responderán a Dios por sus pecados. La
gran mayoría de personas contra quienes
se han cometido ofensas no pueden

admitir la forma en que han pecado en contra de sus ofensores. Kathy fue muy sincera. Admitió que no solo los había odiado sino que si hubiese sido posible los habría matado.

Al leer esta historia, haya o no haya enfrentado personalmente una situación similar, ¿no siente compasión por Kathy y entiende su deseo de venganza? Sin embargo, si vamos a ser instrumentos de clemencia en la vida de otros necesitamos ayudarnos mutuamente a seguir la verdad. Dios ha hecho eso por Kathy. Él le demostró que su odio y deseo de venganza son también malvados. Ella ha sido la que durante todos estos años ha estado esclavizada aunque no haya tenido ninguna responsabilidad de lo que pasó. ¿Por qué está esclavizada? ¿Por qué ha estado paralizada durante décadas por culpa del pecado de otros?

A menos que usted lo permita, ningún pecado cometido por otra persona puede esclavizarlo. Kathy ha estado esclavizada debido a su odio y deseo de venganza. Eso suena tremendamente injusto y poco

bondadoso pero Dios le demostró a Kathy
que como hija suya ella no podía odiar;
que la venganza no era de ella sino de Él.
De hecho había incurrido en asesinato
al tener en su corazón esos sentimientos
tan violentos. Está en el proceso de ser
liberada porque está dispuesta a admitir:
«Señor, no sólo son aquellos tres jóvenes
los que necesitan de tu misericordia sino
yo también». Es así como Kathy, al estar
dispuesta a perdonar, empezó a sanar y a
recibir ese divino y dulce perdón.

BELLEZA EN VEZ DE CENIZAS

En Isaías 61, Dios nos dice que Él
sana los corazones heridos, da libertad a
los cautivos y libera los corazones y las
mentes de aquellos que están esclavizados.
Usted comienza a sanar cuando permite
que Dios se haga cargo de sus pecados.
Pues después de todo, lo que nos destruye
no es en sí el mal que se nos hace sino la
forma en que respondemos a dicho mal.
El versículo 2 dice que Dios da consuelo
a todos aquellos que sufren. Kathy está

descubriendo que hay alivio para sus penas. Creo que hay gracia, consuelo, paz y libertad guardados para Kathy.

Me encanta Isaías 61:3 donde Dios nos dice que Él da belleza en vez de cenizas. El Enemigo pensó que había destruido a Kathy cuando ella tenía dieciséis años, y de alguna forma ella aun tiene cenizas. Sin embargo, hay que ver lo que Dios está haciendo: Él está haciendo algo bello, está dando «aceite de alegría en vez de luto». Aquellos que confían en el Señor y ponen sus penas bajo sus manos heridas por los clavos recibirán a cambio su belleza, su alegría y su paz.

Isaías dice que Él nos dará: «Traje de fiesta en vez de espíritu de desaliento» (Is. 61:3). Esto es increíble. No solo nos redime, nos da libertad, sana nuestros corazones heridos, nos consuela y nos da belleza, alegría y alabanza en vez de cenizas, sino que también quiere usar nuestra vida para hacer el bien. «Serán llamados robles de justicia, plantío del Señor, para mostrar su gloria». Nada se desperdicia cuando se lo confiamos al

Señor. Él puede tomar los pedazos feos
y rotos de nuestro pasado y crear una
obra de arte que lo honre, nos bendiga y
fortalezca y transforme a otros de maneras
que tal vez jamás conozcamos en esta vida.

¿Acaso no hay justicia?

La historia de Kathy suscita una
pregunta importante: ¿Significa el perdón
que el mal que hicieron estos tres jóvenes
ya no tiene importancia? Creo que uno
de los motivos por los cuales tenemos
dudas para perdonar es porque en el
fondo de nuestro corazón nos preocupa
que el ofensor salga librado sin costo
alguno, y nuestro sentido de justicia nos
dice que no está bien que los ofensores
salgan bien librados después de cometer
su pecado. ¿Qué pasa si nunca son
capturados? ¿Qué pasa si nunca sufren por
lo que hicieron? ¿Por qué debo perdonar
si jamás reconocieron sus pecados y se
arrepintieron?

Permítanme explicarlo de la siguiente
manera: El perdón libera al ofensor de

mi custodia, de mi corte, de mi celda y lo entrega a Dios. La venganza es de Dios. Él es el único juez, y cuando rehusamos perdonar, lo que realmente estamos haciendo es tomando su lugar (Ro. 12:17-21), lo cual es una tontería y es peligroso.

Una de las ilustraciones bíblicas del perdón más increíbles es la historia de José. Usted la encuentra en los últimos trece capítulos del libro del Génesis. José fue vendido como esclavo, maltratado, acusado falsamente y encarcelado. Más adelante, cuando tuvo la oportunidad de vengarse de todos aquellos que lo habían ofendido, rehusó hacerlo. Dijo: «¿Puedo acaso tomar el lugar de Dios?» (Gn. 50:19). Cuando rehusamos perdonar tomamos el lugar de Dios. Dios, que ve todo lo que pasa y todos los corazones, enderezará todo al final.

¿DEBEMOS OLVIDAR CUANDO PERDONAMOS?

Otra cosa que debemos recordar es que perdonar no significa necesariamente

olvidar. Este es un gran malentendido
que tienen muchas personas. «Se supone
que debo perdonar y olvidar porque Dios
olvida mis pecados». Eso no es lo que
dice la Biblia. Dios dice: «No nos trata
conforme a nuestros pecados ni nos paga
según nuestras maldades» (Sal. 103:10).
¿Cómo puede Dios, que es omnisciente,
olvidarse de algo? Lo que dice el Salmo
103:10 es: «No nos trata conforme a
nuestros pecados».

Algunos de nosotros creemos que sería
realmente maravilloso si Dios cogiera un
borrador mágico y borrara todas nuestras
memorias dolorosas. No estoy muy segura
de que eso fuese realmente maravilloso.
Una parte de nosotros estaría contenta
pero el dolor nos recuerda la gracia de
Dios, su bondad para con nosotros y lo
que ha hecho en nuestras vidas. Además, si
no nos acordamos de haber sentido dolor,
¿cómo vamos a sentir compasión por
aquellos que la necesitan?

¿Cómo vamos a mostrar clemencia y
bondad hacia aquellos que están heridos?
¿Cómo podemos decirle a alguien que

nos preocupamos por él si nunca hemos sufrido? ¿Cómo vamos a llorar con aquellos que lloran? Aquellos que han sufrido son por lo general los más comprensivos y bondadosos de corazón con los que sufren. Dios quiere usar todas nuestras heridas para sus propósitos redentores, en parte, para que nos involucremos en la vida de aquellos que sufren.

Cuando usted perdona, probablemente no olvida todas las cosas dolorosas que le han sucedido. Tampoco aquellos a quienes perdona necesariamente cambian o incluso sienten la necesidad de ser perdonados. Sin embargo, sus heridas pasadas no tienen por qué mantenerlo esclavizado y no tienen por qué destruir su energía espiritual y su vitalidad. Por la gracia de Dios, su pasado no determina su futuro.

El primer paso

Otro punto importante acerca del perdón es el siguiente: Puede darse en algún momento dado, pero para sanar totalmente tal vez se requiera un proceso

largo. El problema es que queremos
superar primero el proceso de cura para
luego perdonar. «Estoy trabajando en el
proceso», dicen muchos. Si espera hasta
que se haya curado lo suficiente tal vez
nunca perdone. El proceso de curación
comienza con el perdón. En el momento
en que decide perdonar se libera para
comenzar su proceso de curación.

Tal vez esté viviendo bajo un terrible
abuso o tal vez tenga heridas de abusos
anteriores. Es mucho más fácil para mi
decirle que usted necesita perdonar que
para usted tomar la decisión de perdonar.
Sin embargo, si usted es un hijo de Dios,
el Espíritu Santo que habita dentro de
usted le dará la fuerza para obedecer el
mandato de Dios de perdonar. No sé
cómo funciona, solo sé que es posible
obedecer a Dios y decidirse a oprimir
la tecla de borrar. Usted puede tomar la
decisión de borrar las faltas de aquellos
que han pecado en su contra, tal como
Jesús en la cruz perdonó a quienes habían
pecado en su contra, incluyéndonos a
usted y a mí.

EL PERDÓN CUESTA MUCHO

El perdón no es barato. Es costoso.
Requiere la voluntad de aceptar el costo
del pecado de otro. ¡Alguien tiene que
pagar! Supongamos que Mariana y su
esposo se encuentran en dificultades
financieras. Inducida por el Señor yo
me ofrezco a compartir sus dificultades.
Llamo a Mariana y le digo: «El Señor me
dijo que te prestara mil dólares. ¿Crees que
me los podrías pagar mensualmente en
abonos de cien dólares cada uno durante
diez meses, libres de interés?». Ella me
contesta: «Eso es magnifico, te agradezco
mucho, realmente apreciamos tu ayuda».
Así entonces les envío los mil dólares.

Yo llevo meticulosamente las cuentas
de mi chequera y escribo todos mis gastos
y calculo el saldo regularmente. Esta
deuda por lo tanto aparecerá en mi libro
de cuentas. Transcurridos treinta días
sin haber oído nada de mis amigos, me
imagino que se han olvidado. Después de
dos meses sigo sin recibir ningún cheque
por la suma de cien dólares. Al pasar tres

meses sin pago alguno de la deuda los llamo y descubro que no pueden o no quieren pagarme la deuda.

El Espíritu Santo me induce a perdonarlos y a convertir ese préstamo en un regalo. Es un trago, pero saco la bandera blanca y digo: «Sí, Señor». Llamo a Mariana y le digo que el Señor me ha pedido que les regale los mil dólares.

Así entonces ya no me deben nada, están libres de la deuda de mil dólares. ¡Pero alguien debe pagar los mil dólares! Yo soy la que tengo mil dólares menos. Estoy dispuesta a asumir el costo de la deuda y absorber el dolor. La única forma de hacerlo es que Cristo me provea de los recursos. Él con su gracia me los da y me permite perdonar dicha deuda.

¿Puedo llamar a mis amigos el mes siguiente y decirles: «¡Páguenme, bribones, pícaros deudores me deben mil dólares!»? No, no puedo hacerlo. Ya no me deben nada. Les he perdonado la deuda y ya no tengo cuentas con ellos. Satanás querrá recordármelo y empujarme a que cobre esa deuda que ha sido perdonada. ¿No se alegra de que Dios no haga eso con nuestros pecados?

Perdone de todo corazón y tenga presente que no perdonar es un pecado igual o mayor a cualquiera de los que hayan cometido o cometan en su contra. ¿Significa esto que después de perdonar todos sus problemas acabarán? No, la situación entre usted y la persona que lo ha ofendido no siempre cambia. No podemos cambiar a las otras personas pero Dios lo fortalecerá y lo cambiará con el fin de que pueda soportar esta situación.

Una idea revolucionaria

¿Qué debe hacer con el dolor que aún siente? Debe llegar al punto de devolver bien por mal. Devolver bien por mal es una idea revolucionaria. Pablo dice en Romanos 12:17-21 «No paguen a nadie mal por mal. Procuren hacer lo bueno delante de todos. Si es posible, y en cuanto dependa de ustedes, vivan en paz con todos. No tomen venganza, hermanos míos, sino dejen el castigo en las manos

de Dios, porque está escrito: "Mía es
la venganza; yo pagaré", dice el Señor.
Antes bien, si tu enemigo tiene hambre,
dale de comer; si tiene sed, dale de beber.
Actuando así harás que se avergüence
de su conducta. No te dejes vencer por
el mal; al contrario, vence el mal con el
bien».

¿Qué nos está diciendo Pablo? Si la
persona que lo hirió tiene una necesidad,
pídale a Dios que le muestre como
satisfacerla, y hágalo. Devuelva bien por
mal. Cuando uno devuelve bien por mal
como dice Pablo (Ro. 12:17-21), no solo
está venciendo al mal con el bien sino que
a la vez está destruyendo las emociones
malas y algo del dolor que hay en su
corazón y que lo mantiene encadenado.

Jesús lo expresó de la siguiente manera:
«Amen a sus enemigos y oren por quienes
los persiguen» (Mt. 5:44). Esa es una
buena herramienta de medida para utilizar
cuando piense en aquellas personas que
están en la columna izquierda de su hoja.
¿Le está haciendo el bien, en la medida de
sus posibilidades, a esa persona que lo ha

ofendido? ¿Está orando por esa persona?
La meta es la reconciliación mediante
la construcción de puentes de amor y
bendición.

Si perdona, puede convertirse en un
instrumento de la gracia y sanación
de Dios en la vida de esa persona. Tal
vez piense de la siguiente manera: «No
quiero que esa persona se reconcilie con
Dios. No quiero que Dios bendiga a esa
persona». ¿Sabe lo que encontrará cuando
obedezca a Dios y ore por esa persona?
Después de un tiempo descubrirá que
no puede odiar a alguien por quien está
rezando. De hecho, aunque no lo crea,
Dios puede realmente llenar su corazón
con compasión y amor por alguien a quien
usted ha odiado durante años.

UNAS PALABRAS SOBRE EL ABUSO

Sé que hay situaciones en las cuales
no es apropiado restablecer una relación,
particularmente en casos de abuso físico y
sexual. En dichos casos, es aconsejable no
estar cerca de la persona que lo ha herido

físicamente. Sin embargo, usted puede tomar la determinación de no buscar venganza ni de odiar. Puede orar y pedirle a Dios que establezca una reconciliación entre Él y dicho ofensor. Esto es bastante difícil y de hecho imposible si el Espíritu Santo no vive dentro de usted para que le ayude a lograrlo.

El verdadero perdón no es natural y tal vez desde el punto de vista humano es irracional. Es sobrenatural, y es así como Jesús nos amó. Es una manifestación del amor de Dios, que lo llena a usted y fluye a través suyo hacia otros.

Un instrumento de paz: La historia de Corrie ten Boom

No conozco ninguna historia que ilustre de mejor manera el poder de Dios para llenar nuestros corazones de compasión, que aquella de la fabricante de relojes holandesa Corrie ten Boom. Corrie y su familia proveyeron lugares de escondite a través de toda Holanda, a muchos judíos holandeses y sus familias, quienes estaban siendo perseguidos por los Nazis y deportados a campos de concentración. Los Nazis enviaron al anciano padre de Corrie a prisión, lugar donde murió. Corrie y su hermana Betsy estuvieron en un campo de concentración durante un año, donde Betsy murió. Poco tiempo después de ser liberada, las otras mujeres que se encontraban en su campo fueron asesinadas. Otros miembros de su familia también fueron hechos prisioneros por ayudar a los judíos.

Corrie describe en uno de sus libros, la lucha que libró para perdonar. Ella escribe: «Fue en un servicio religioso en Munich que lo vi, el antiguo oficial de las SS que hacía guardia en la puerta del cuarto de baño en el centro de procesamiento de Ravensbrook (campo de concentración). Era el primero de nuestros carceleros que veía desde ese entonces, y de pronto todo volvió a ser real: el cuarto lleno de hombres burlándose, las pilas de ropa, la cara de Betsy pálida de dolor. Al desocuparse la iglesia se me acercó. Radiante y haciendo una venia me dijo:

"No sabe lo agradecido que estoy con su mensaje Fraulein, pensar que, tal como usted me dijo, Él ha lavado mis pecados". Sacó su mano para estrechar la mía, y yo, que tantas veces había predicado a la gente de Blumenthal la necesidad de perdonar, no extendí mi mano.

Aun en los momentos en que los pensamientos de ira y venganza me llenaban, yo era consciente de mi pecado. Jesucristo había muerto por este hombre. ¿Iba yo a pedir más? Entonces oré de la siguiente manera: "Señor Jesús, perdóname y ayúdame a perdonarlo". Trate de sonreír. Hice un esfuerzo por extender mi mano. No pude. No sentí nada, ni la más mínima chispa de compasión o simpatía.

Así entonces, volví a orar en silencio: "Jesús, no puedo perdonarlo, dame tu perdón". En el momento de coger su mano la cosa más increíble sucedió. Desde mi hombro, a lo largo de mi brazo y a través de mi mano pasó una corriente de mí hacia él a la vez que en mi corazón nacía un amor por este extraño que casi me

estremecía. Descubrí que la curación del
mundo no depende ni de nuestro perdón
ni de nuestra bondad, sino de los de Él».
Cuando Dios dice que amemos a nuestros
enemigos, junto con su mandato nos da
el amor para hacerlo». Se puede leer la
historia de Corrie ten Boom en *El refugio
secreto,* Editorial Vida, 1999.

GRACIA Y GRATITUD

Si realmente quiere ser libre debe llegar
al punto en el cual puede dar gracias bajo
cualquier circunstancia. Claro está que
no me refiero a que demos gracias a Dios
por el pecado. Me refiero a que lleguemos
al punto en el cual en medio de cada
circunstancia, especialmente de aquellas
sobre las que no tenemos control, podamos
elevar la vista y decir: «Su intención era
maligna pero la tuya era buena». Dios
hará que incluso la ira del hombre se
transforme para gloria suya porque Él
dispone todas las cosas para el bien de
quienes lo aman (Ro. 8:28). Cuando los
hermanos de José le imploraron a este

que no se vengara de ellos, José les dijo:
¡Están a salvo! Acérquense a mí y yo los
alimentaré. Yo satisfaceré sus necesidades.
Ustedes me vendieron como esclavo, pero
Dios me envió aquí para salvar vidas (vea
Gn. 50:15-20).

Necesitamos reconocer que Dios es
soberano, omnipotente, y bueno. Él es
sabio y sabe todo, así que no hay nada
que llegue a nuestra vida sin que antes
haya pasado por Él. Como hijo de Dios
nada puede tocarlo sin antes pasar por sus
manos.

Además, Jesús sufrió por nosotros en la
tierra y sufre con nuestras tribulaciones,
dándonos consuelo en nuestras aflicciones
para que así podamos consolar a los demás
(2 Co. 1:3).

Es inevitable que las personas nos
ofendan y nos hieran, y Satanás puede
intentar utilizar esto para nuestra
destrucción, pero Dios es soberano
sobre todos los otros regentes, personas
y poderes, incluyendo los poderes de
las tinieblas y el infierno. Él es capaz
de reprimir cualquier acción en contra

nuestra que esté finalmente destinada a
destruirnos (vea la historia de Job en la
Biblia). Es imposible que Dios cometa
actos malvados ya que Él es todo bondad
y amor y por lo tanto incapaz de cometer
pecado. Sin embargo, Dios permite que
estas circunstancias lleguen a nuestra vida
por razones que no podemos comprender
y que no entenderemos hasta que nos
veamos con Dios.

Las cicatrices de los clavos en sus manos

Richard Wurmbrand era un pastor
rumano que pasó catorce años de su
vida encerrado en una prisión comunista
por predicar su fe a otros. Era torturado
psicológica y físicamente con frecuencia y
las cicatrices de su pecho y de su espalda
nunca sanaron. Al final de su vida le era
imposible permanecer de pie por períodos
de tiempo largos debido a las graves
palizas que le fueron suministradas con
varas de caucho por los comunistas.

Aunque hubo momentos en prisión

durante los cuales no podía sentir el amor de Jesús, él escribió: «Tengo que creer en su expresión de sacrificio hecha hace dos mil años, las cicatrices en sus manos son la prueba de su amor por nosotros» (Richard Wurmbrand, *With God in Solitary Confinement* [Con Dios en el Calabozo], Bartlesville, OK: Living Sacrifice Books, 1969, p. 150). Tanto el sufrimiento del Pastor Wurmbrand como el de su esposa fueron utilizados por el Señor para atraer a muchos hacia la salvación y para estimular y animar a una gran cantidad de creyentes. Tal vez su mayor legado, un testimonio del poderoso amor de Jesús, fue su voluntad de perdonar incluso a aquellos que los habían traicionado y torturado.

EL MOMENTO DE RENDIR CUENTAS

Algunas veces pensamos que cuando lleguemos al cielo Dios sacará un tablero o proyector en donde contestará todas nuestras preguntas o defenderá sus acciones. Ciertamente sabremos más de lo que sabemos ahora (1 Co. 13:12). Sin embargo, creo que cuando veamos a Jesús cara a cara, Él será toda la respuesta que necesitamos. No necesitaremos oír todas las explicaciones de lo que pasó en nuestra vida. Sabremos lo bueno que es Él, cuán grande ha sido su amor por nosotros y cómo nos sostuvo cuando no podíamos mantenernos de pie. Caeremos en cuenta que Él hizo todo bien. Mientras tanto, hasta que podamos ver y saber, debemos confiar en nuestro Dios bueno, amoroso y sabio, y creer que sus propósitos son más grandes de lo que podemos ver y más maravillosos de lo que podemos entender o imaginar.

Dios tiene un propósito para su vida, y es más grande que esta misma (Jer. 29:11-13). Somos tan solo unos pequeños jugadores dentro del esquema total de las cosas, se trata del plan grandioso, eterno y redentor de Dios. Dios quiere utilizar su perdón y sus oraciones por aquellos que lo han herido y ofendido, como un medio para sanar, dar gracia, salvación y bendición a otros, de una manera que está más allá de su comprensión.

CORAZONES DE PIEDRA

Tal vez usted haya leído o haya visto la
película Ben-Hur. Ben-Hur es el relato de
ficción de una familia judía en tiempos de
Cristo. Cuando Ben-Hur es aún un joven,
los romanos confiscan su casa y todas las
posesiones de su familia. Lo obligan a
convertirse en esclavo y a trabajar en los
fogones de uno de los barcos de guerra
romanos y encierran a su madre y a su
hermana en una celda bajo tierra en
donde contraen lepra. Consumido por el
odio, Ben-Hur se obsesiona con el deseo
de venganza, especialmente contra su
amigo de la niñez, Messala, quien lo ha
traicionado. Después de una separación,
Ben-Hur finalmente se reúne con su amor,
Esther. En su conversación Ben-Hur
destila veneno y odio por los romanos en
general y por Messala en particular.

Ese día Esther había oído hablar a un
hombre llamado Jesús de Nazaret. Esther
le cuenta a Ben-Hur que este hombre
de Nazaret dice: «Benditos sean los que
sienten compasión pues ellos tendrán

compasión. Benditos los que buscan la
paz, pues serán llamados hijos de Dios».
Ella continua: «La voz que oí hoy en la
colina dice: "Amen a sus enemigos y oren
por quienes los persiguen"». Ben-Hur está
tan lleno de rabia que reacciona con furia
a las palabras de Esther. Ella le responde:
«¿Qué ha sido de Judá Ben-Hur a quien
yo amaba? Parece ser que te has convertido
en lo mismo que te propones destruir,
devolviendo maldad por maldad. El odio
te ha convertido el corazón en piedra.
Actúas de la misma forma en que lo haría
Messala» (Ben-Hur, Warner Brothers
Studios, 1959).

Paz al pie de la cruz

¿Es posible que se esté volviendo como
la persona que lo hirió? ¿Está el odio
transformando su corazón en piedra?
Dios quiere liberarlo hoy, y lo hará de la
misma manera en que lo hizo con Ben-
Hur en esta historia. Ben-Hur termina en
Jerusalén el mismo día en que Jesús fue
llevado a su crucifixión. Sigue la procesión

al Calvario y luego se para en la sombra
de esa cruz central y observa la sangre que
fluye del cuerpo torturado de Jesús hacia
el suelo.

Mientras mira al Salvador, el amor
de Cristo finalmente penetra su corazón
endurecido. ¡Empieza a creer! Recibe ese
amor divino. En la versión para cine, su
cara se transforma visiblemente cuando los
años de amargura, odio e ira son lavados
por el amor y la sangre de Jesús. En la
escena final, Ben-Hur regresa a su casa, en
donde Esther lo está esperando y le dice:
«En el momento en que murió le oí decir:
"Padre perdónalos pues no saben lo que
hacen". Sentí que su voz retiraba la espada
de mi mano».

¿Tiene hoy una espada en su mano?
¿Una espada de amargura, resentimiento
y venganza? ¿Por qué no dejar que su voz
retire la espada de su mano? Lo quiero
invitar a que haga un viaje al Calvario
y vea lo que Jesús hizo en ese lugar por
usted. ¿Está dispuesto a recibir su gracia y
su amor por su dolor y a tomar la decisión
de perdonar? Primero, ¿está dispuesto a

confesarle su amargura a Dios y a pedirle
que le perdone su rechazo a perdonar?
Tenga presente que la amargura y el
resentimiento son un pecado tan grave
como cualquiera que hayan cometido en
contra suya.

    ¿Está dispuesto a decir: «Dios mío, lo
siento mucho. Perdóname por mi odio y
mi amargura. He sido perdonado tanto y
he rehusado perdonar a otros.»? Permita
que Él lave y limpie su corazón. Luego
revise la lista que ha hecho mentalmente o
por escrito de las personas que han pecado
en contra suya. Piense en esas personas y
en lo que han hecho. ¿Estaría dispuesto a
decirle a cada una: «Dios mío, Tú me has
perdonado, y por Cristo, perdono a esta
persona por esta ofensa.»? ¿Estaría dispuesto
a oprimir la tecla de borrar? No rechace al
Espíritu Santo si Él está trabajando en su
corazón con este fin. Por la gracia de Dios,
decídase a perdonar y a ser libre.

    Sin perdón, jamás podrá ser íntegro. A
medida que permite que Dios limpie su
corazón de amargura, resentimiento y odio
Él irá reemplazando estos sentimientos con

su paz y su alegría, y la sanación empezará. Lo invito a que haga un viaje al Calvario y vea lo que Jesús hizo por usted. Reciba su amor y su poder para curar almas heridas, y su gracia para perdonar a otros.

Padre, cómo te agradezco por tu gracia, por la misericordia que extiendes hacia nosotros cuando nosotros la damos a los demás. Has dicho que si rehusamos perdonar, no podremos experimentar tu perdón y tu amor, pero cuando perdonamos, entramos a un mundo nuevo lleno de tu paz y de tu perdón. Imagino que en este momento entras a este bloque de celdas de prisión, y en la medida en que estemos dispuestos a abrir las puertas de cada prisión y a dejar en libertad a nuestros ofensores, Tú también irás caminando por los corredores de nuestro corazón abriendo las celdas de prisión con tu llave de gracia liberándonos. Padre, cómo te agradecemos y te bendecimos. Gracias Jesús por haber ido al Calvario y haber derramado tu perdón en nuestros corazones llenos de amargura y tu amor en nuestras heridas. Danos tu amor y tu paz. Amén.

Nancy Leigh DeMoss es la anfitriona y maestra del programa *Aviva nuestro corazón*, que se transmite en inglés por más de 500 emisoras de radio en los Estados Unidos. Es también la autora del libro de más venta *Mentiras que las mujeres creen*, y varios otros libros publicados por Editorial Portavoz.

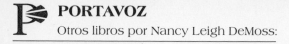

PORTAVOZ

Otros libros por Nancy Leigh DeMoss: